Impressum
Verlag: BABADADA GmbH, Nedderfeld 112 , 22529 Hamburg
Geschäftsführer / Verlagsleitung: Harald Hof
Druck: Books on Demand GmbH, In de Tarpen 42, 22848 Norderstedt

Imprint
Publisher: BABADADA GmbH, Nedderfeld 112 , 22529 Hamburg, Germany
Managing Director / Publishing direction: Harald Hof
Print: Books on Demand GmbH, In de Tarpen 42, 22848 Norderstedt, Germany

iskola
School

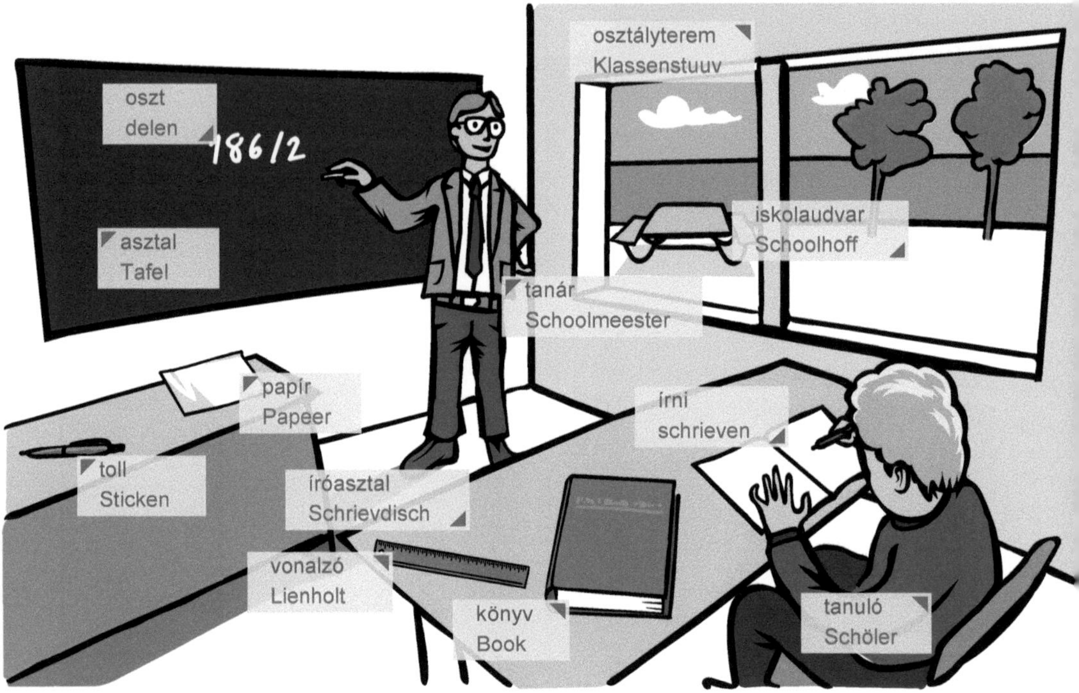
osztályterem
Klassenstuuv
oszt
delen
186/2
asztal
Tafel
iskolaudvar
Schoolhoff
tanár
Schoolmeester
papír
Papeer
írni
schrieven
toll
Sticken
íróasztal
Schrievdisch
vonalzó
Lienholt
könyv
Book
tanuló
Schöler

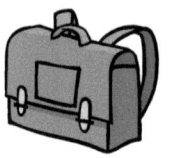

iskolatáska

Ranzel

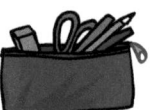

tolltartó

Feddermapp

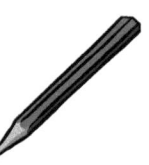

ceruza

Bleesticken

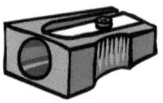

ceruzahegyező

Scharpmaker

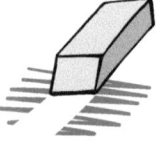

radír

Radeergummi

rajzfüzet

Tekenblock

rajz

Teken

ecset

Pinsel

festőkészlet

Malkassen

olló

Scheer

ragasztó

Klever

munkafüzet

Heft to'n Öven

házi feladat

Huusopgaav

12

szám

Tall

2+2

összead

tohooptellen

5-2

kivon

aftrecken

2×2

szoroz

malnehmen

számol

reken

A

betű

Bookstaav

ABCDEFG HIJKLMN OPQRSTU VWXYZ

ABC

ABC

hello

szó

Woort

szöveg

Text

olvasni

lesen

kréta

Kried

tanóra

Stunn

napló

Klassenbook

vizsga

Pröven

bizonyítvány

Tüügnis

iskolai egyenruha

Schooluniform

oktatás

Utbillen

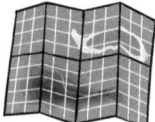

enciklopédia

Nakieksel

egyetem

Universität

mikroszkóp

Mikroskop

térkép

Koort

papír-hulladék gyűjtő

Papeerkorf

iskola - School

utazás
Törn

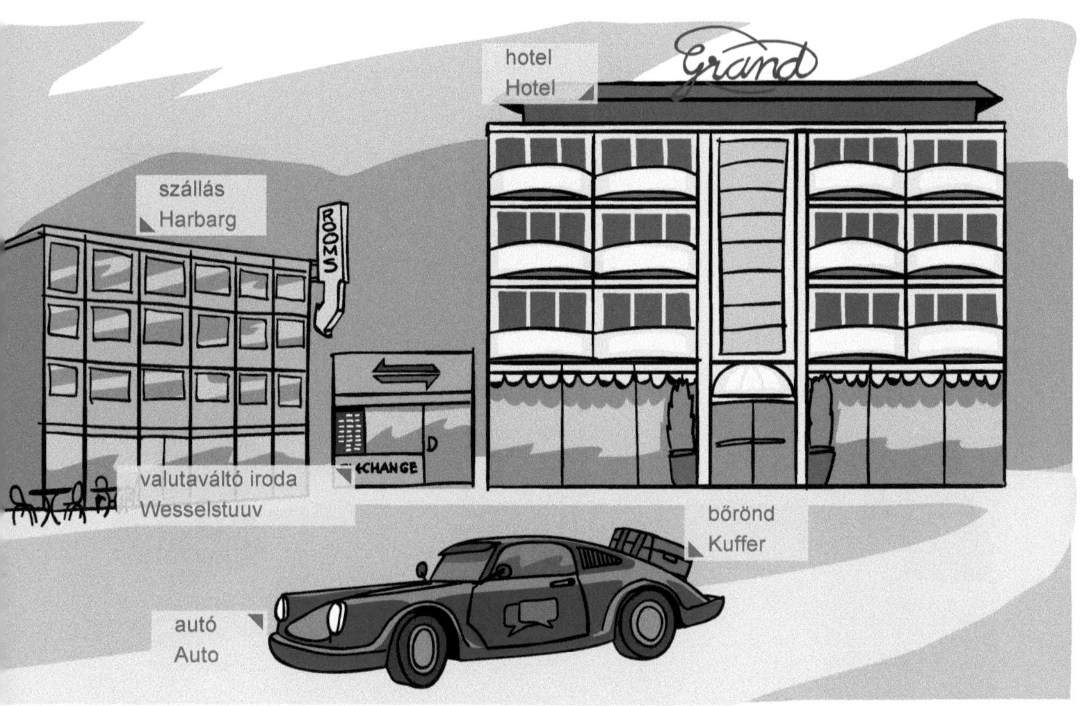
hotel
Hotel
Grand
szállás
Harbarg
ROOMS
valutaváltó iroda
Wesselstuuv
CHANGE
bőrönd
Kuffer
autó
Auto

nyelv

Spraak

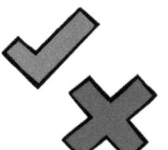

igen/nem

jo / ne

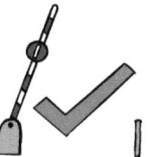

rendben

Jo

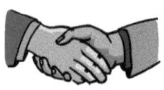

szia

Moin

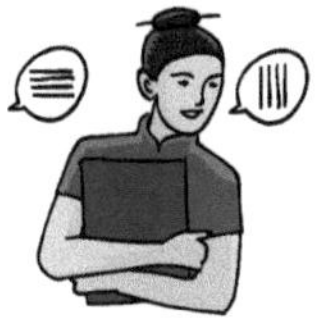

fordító

Översetter

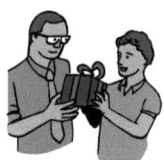

köszönöm

Dank ok

mennyibe kerül…?

Wat kost…?

nem értem

Ik verstah nich

probléma

Problem

Jó estét!

Goden Avend

jó reggelt!

Moin!

jó éjszakát!

Gode Nacht!

viszontlátásra

Tschüüs

útirány

Richt

poggyász

Bagaasch

táska

Tasch

hátizsák

Rüchsack

vendég

Gast

szoba

Stuuv

hálózsák

Slaapsack

sátor

Telt

turista információ

Touristeninformatschoon

strand

Strand

hitelkártya

Kreditkoort

reggeli

Fröhstück

ebéd

Meddageten

vacsora

Avendeten

jegy

Fohrkort

lift

Fohrstohl

bélyeg

Breefmark

határ

Grenz

vám

Toll

nagykövetség

Bottschop

vízum

Visum

útlevél

Pass

közlekedés
Transport

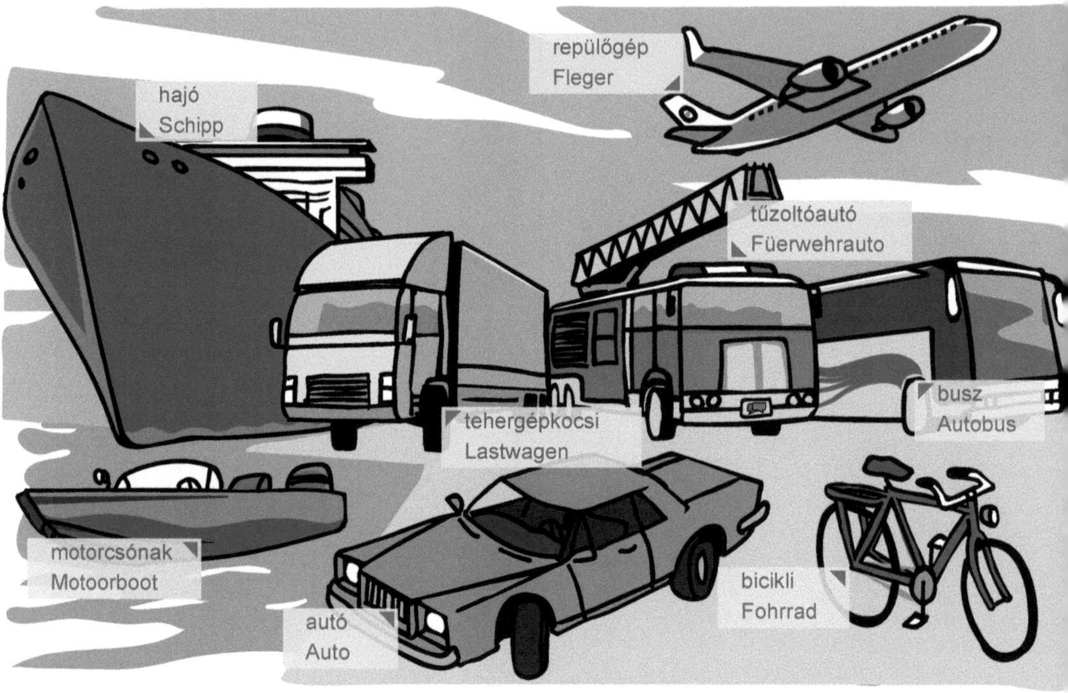
repülőgép
Fleger
hajó
Schipp
tűzoltóautó
Füerwehrauto
busz
Autobus
tehergépkocsi
Lastwagen
motorcsónak
Motoorboot
bicikli
Fohrrad
autó
Auto

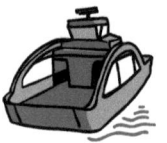

komp
Fähr

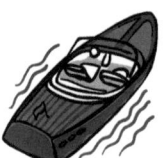

csónak
Boot

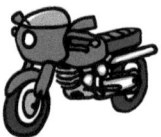

motorkerékpár
Motoorrad

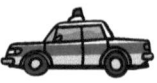

rendőrautó
Polizeiauto

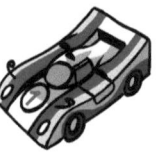

versenyautó
Rönnauto

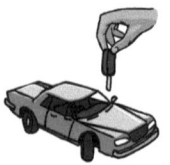

bérautó
Lehnwagen

telekocsi

Carsharing

vontató

Afsleepwagen

szemetes autó

Müllauto

motor

Motoor

üzemanyag

Kraftstoff

benzinkút

Tanksteed

közlekedési tábla

Verkehrsschild

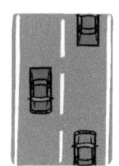

forgalom

Verkehr

forgalmi dugó

Stau

parkoló

Afstellplatz

vonatállomás

Bahnhoff

sínek

Sporen

vonat

Tog

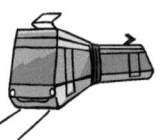

villamos

Stratenbahn

vagon

Wagon

helikopter

Dwarsmöhl

repülőtér

Flooghaven

torony

Tower

utas

Fohrgast

konténer

Grootkist

kartondoboz

Karton

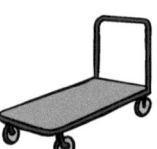

taliga

Koor

kosár

Korf

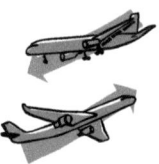

felszáll / leszáll

starten / lannen

város

Stadt

falu

Dörp

városközpont

Binnenstadt

ház

Huus

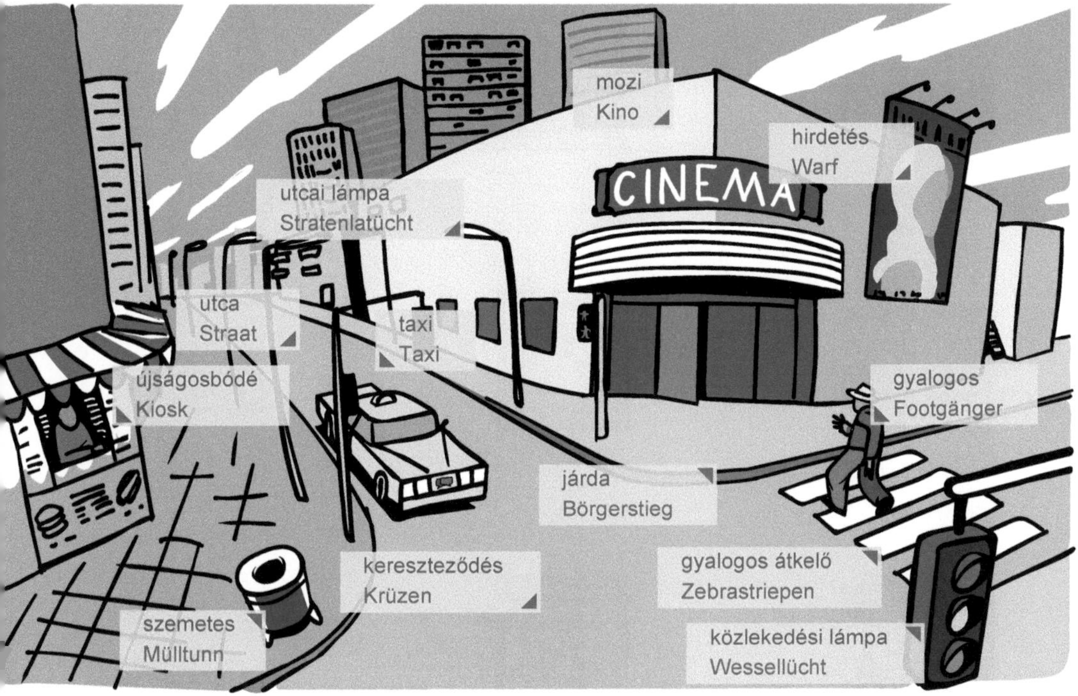

mozi
Kino

hirdetés
Warf

utcai lámpa
Stratenlatücht

CINEMA

utca
Straat

taxi
Taxi

gyalogos
Footgänger

újságosbódé
Kiosk

járda
Börgerstieg

kereszteződés
Krüzen

gyalogos átkelő
Zebrastriepen

szemetes
Mülltunn

közlekedési lámpa
Wessellücht

kunyhó

Hütt

lakás

Wahnung

vonatállomás

Bahnhoff

városháza

Raathuus

múzeum

Museum

iskola

School

egyetem
Universität

bank
Bank

kórház
Krankenhuus

hotel
Hotel

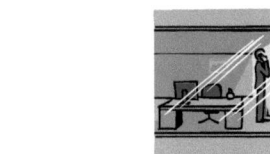

gyógyszertár
Afteek

iroda
Büro

könyvesbolt
Bookhökerie

üzlet
Hökerie

virágüzlet
Blomenhökerie

szupermarket
Supermarkt

piac
Markt

áruház
Koophuus

halárus
Fischhökerie

bevásárló központ
Inkoopszentrum

kikötő
Haven

park

Parkanlaag

pad

Bank

híd

Brüch

lépcső

Trepp

metró

Ünnergrundbahn

alagút

Tunnel

buszmegálló

Busstoppsteed

bár

Bar

étterem

Spieslokal

postaláda

Breefkassen

utcatábla

Stratenschild

parkoló óra

Parkklock

állatkert

Deertenpark

uszoda

Baadanstalt

mecset

Moschee

gazdálkodás

Buernhoff

környezetszennyezés

Ümweltversmudden

temető

Karkhoff

templom

Kark

játszótér

Speelplatz

szentély

Tempel

táj
Landschop

levél
Blatt

útjelző tábla
Wiespahl

út
Weg

rét
Wisch

kő
Steen

túrázó
Wannerer

fa
Boom

folyó
Fluss

fű
Gras

virág
Bloom

völgy

Daal

domb

Barg

tó

See

erdő

Holt

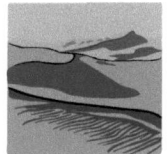

sivatag

Wööst

vulkán

Füerspien Barg

kastély

Slott

szivárvány

Regenbagen

gomba

Poggenstohl

pálmafa

Palm

szúnyog

Steekmück

légy

Fleeg

hangya

Miegeemk

méhecske

Imm

pók

Spinn

bogár

Sebber

béka

Pogg

mókus

Katteker

sündisznó

Swienegel

nyúl

Haas

bagoly

Uul

madár

Vagel

hattyú

Swaan

vaddisznó

Wildswien

szarvas

Hirsch

rénszarvas

Elk

gát

Staudamm

szélturbina

Windrad

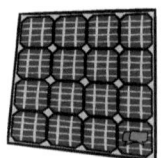

napelem

Solarmodul

éghajlat

Klima

táj - Landschop

étterem
Spieslokal

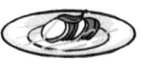

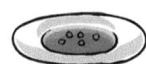

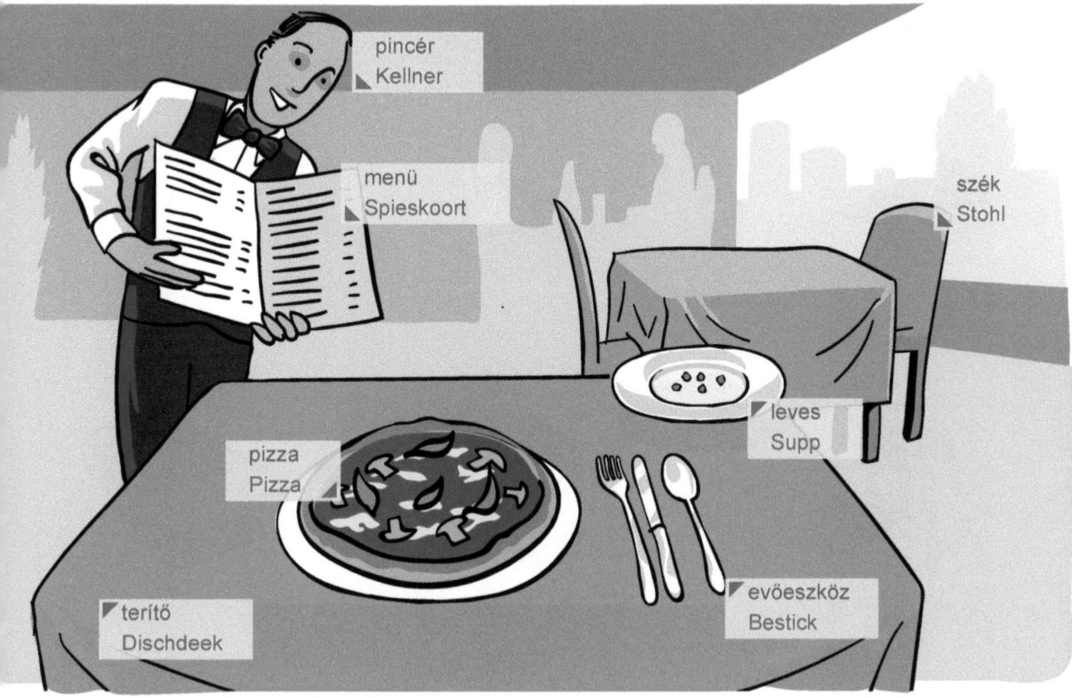
pincér
Kellner
menü
Spieskoort
szék
Stohl
leves
Supp
pizza
Pizza
evőeszköz
Bestick
terítő
Dischdeek

előétel
....
Vörspies

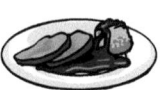

főétel
....
Haupteten

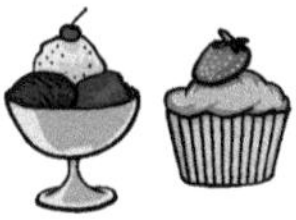

desszert
....
Nadisch

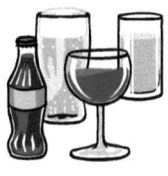

italok
....
Drünk

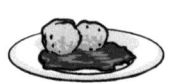

étel
....
Eten

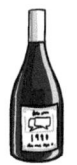

üveg
....
Buddel

gyorsétel

Fastfood

gyorsétel

Strateneten

teás kanna

Teekann

cukortartó

Zuckerdoos

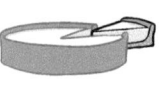

adag

Portschoon

eszpresszógép

Espressomaschien

bárszék

Hoochstohl

számla

Reken

tálca

Tablett

kés

Mess

villa

Gavel

kanál

Lepel

teáskanál

Teelepel

szalvéta

Munddook

pohár

Glas

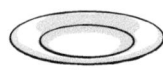

tányér

Töller

leveses tányér

Suppentöller

csészealj

Ünnertass

szósz

Sooß

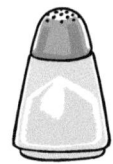

sószóró

Soltstreuer

borsőrlő

Pepermöhl

ecet

Etig

étkezési olaj

Ööl

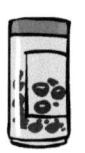

fűszerek

Krüder

ketchup

Ketchup

mustár

Mostrich

majonéz

Mayonnaise

szupermarket
Supermarkt

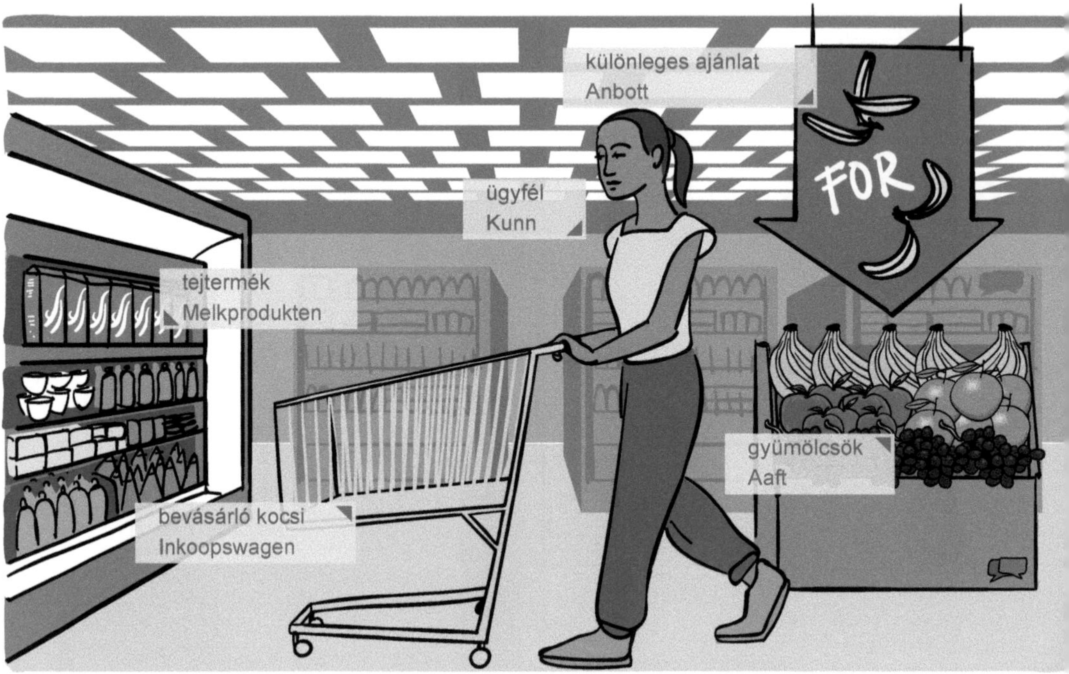
különleges ajánlat
Anbott
FOR
ügyfél
Kunn
tejtermék
Melkprodukten
gyümölcsök
Aaft
bevásárló kocsi
Inkoopswagen

BUTCHERS

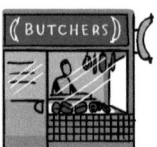

hentes

Slachterie

BAKERY

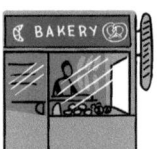

pékség

Bäckerie

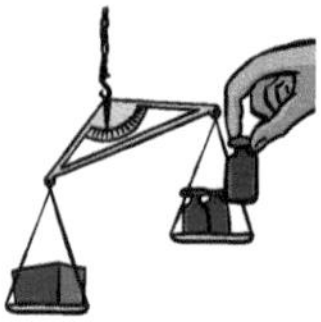

nyom valamennyit

wegen

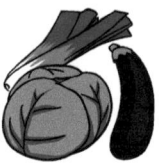

zöldség

Gröönsaken

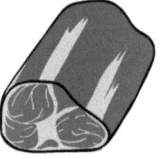

hús

Fleesch

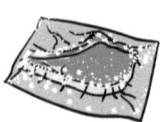

fagyasztott áru

Deepköhlkost

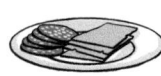

felvágott

Opsnitt

konzerv

Konserven

mosópor

Waschmiddel

édességek

Snoopkraam

háztartási termék

Huushooltssaken

tisztítószerek

Reinmaaktüüch

eladó

Verköpersche

pénztárgép

Kass

eladó

Kasserer

bevásárló lista

Inkoopslist

nyitva tartás

Opsparrtieden

levéltárca

Breeftasch

hitelkártya

Kreditkoort

zacskó

Tasch

műanyag zacskó

Plastiktüüt

víz

Water

gyümölcslé

Saft

tej

Melk

kóla

Cola

bor

Wien

sör

Beer

alkohol

Spriet

kakaó

Kakao

tea

Tee

kávé

Koffie

eszpresszó

Espresso

kapucsínó

Cappucino

banán

Banaan

alma

Appel

narancs

Appelsien

sárgadinnye

Meloon

citrom

Zitroon

sárgarépa

Wöttel

fokhagyma

Knuuvlook

bambusz

Bambus

hagyma

Zibbel

gomba

Poggenstohl

magvak

Nööt

nokedli

Nudeln

spagetti

Spaghetti

rizs

Ries

saláta

Salat

sült krumpli

Pommes frites

sült burgonya

Braadkantüffeln

pizza

Pizza

hamburger

Hamborger

szendvics

Sandwich

hússzelet

Snitzel

sonka

Schinken

szalámi

Salami

kolbász

Wust

csirke

Hohn

pecsenye

Braden

hal

Fisch

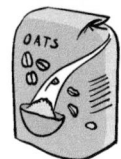

zabkása

Haverflocken

müzli

Müsli

kukoricapehely

Cornflakes

liszt

Mehl

croissant

Croissant

zsemle

Rundstück

kenyér

Broot

pirítós kenyér

Toast

keksz

Keksen

vaj

Botter

túró

Quark

sütemény

Koken

tojás

Ei

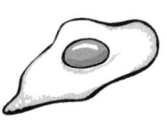

tükörtojás

Spegelei

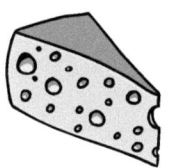

sajt

Kees

jégkrém

les

cukor

Zucker

lekvár

Marmelaad

mogyorókrém

Nougat-Creme

méz

Honnig

curry

Curry

gazdálkodás
Buernhoff

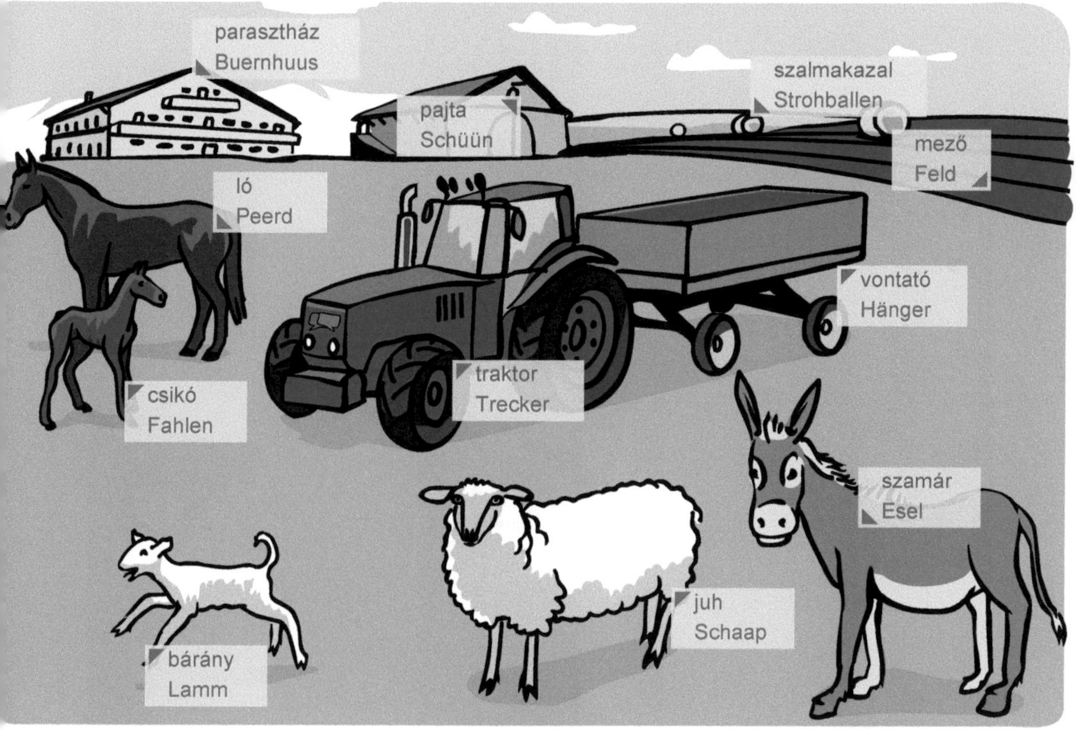
parasztház
Buernhuus
pajta
Schüün
szalmakazal
Strohballen
mező
Feld
ló
Peerd
vontató
Hänger
traktor
Trecker
csikó
Fahlen
szamár
Esel
juh
Schaap
bárány
Lamm

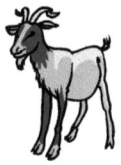

kecske
....
Zeeg

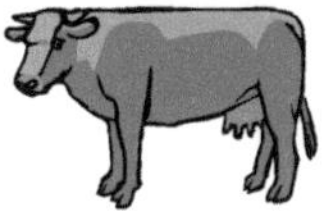

tehén
....
Koh

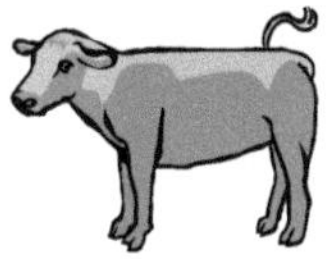

borjú
....
Kalf

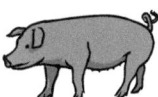

malac
....
Swien

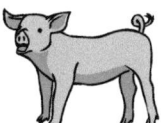

kismalac
....
Farken

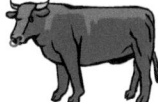

bika
....
Bull

liba

Goos

kacsa

Aant

csibe

Küken

tojó

Hohn

kakas

Hahn

patkány

Rott

macska

Katt

egér

Muus

ökör

Oss

kutya

Hund

kutyaház

Hunnenhütt

kerti öntözőcső

Goornslauch

öntözőkanna

Geetkann

kasza

Lee

eke

Ploog

sarló

Sich

kapa

Hack

vasvilla

Mestfork

fejsze

Ext

talicska

Schuufkoor

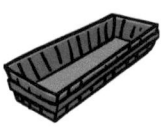

teknő

Trog

tejes kancsó

Melkkann

zsák

Sack

kerítés

Tuun

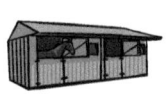

istálló

Stall

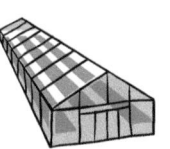

üvegház

Drievhuus

talaj

Bodden

vetőmag

Saat

trágya

Dünger

cséplőgép

Meihdöscher

szüretelni

oornen

betakarítás

Oorn

yamgyökér

Yamswöttel

búza

Weten

szója

Soja

burgonya

Kantüffel

kukorica

Törksche Weten

repcemag

Rapp

gyümölcsfa

Aaftboom

manióka

Troopsch Kantüffel

gabona

Koorn

gazdálkodás - Buernhoff

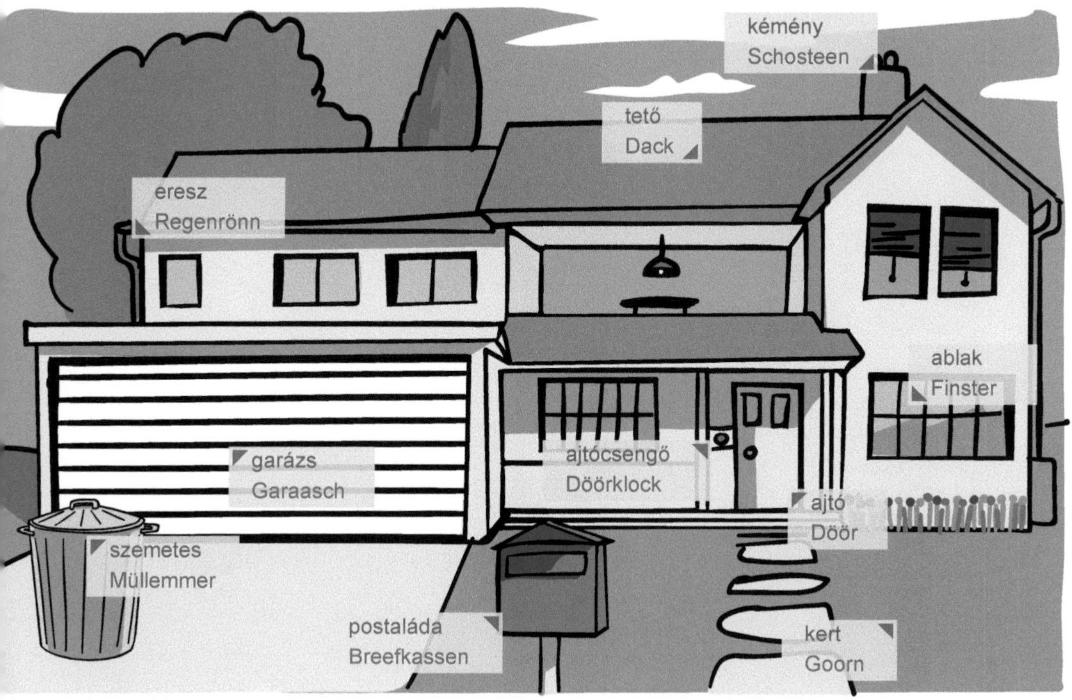

kémény
Schosteen

tető
Dack

eresz
Regenrönn

ablak
Finster

garázs
Garaasch

ajtócsengő
Döörklock

ajtó
Döör

szemetes
Müllemmer

postaláda
Breefkassen

kert
Goorn

nappali

Wahnstuuv

fürdőszoba

Baadstuuv

konyha

Köök

hálószoba

Slaapstuuv

gyerekszoba

Kinnerstuuv

ebédlő

Eetstuuv

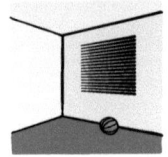

padló

Footbodden

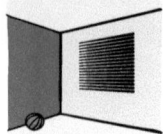

fal

Wand

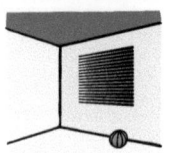

plafon

Deek

pince

Keller

szauna

Hittluftbad

erkély

Balkon

terasz

Terrass

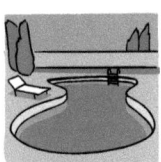

medence

Swümmbad

fűnyíró

Rasenmeiher

lepedő

Bettbetog

ágytakaró

Bettdeek

ágy

Puuch

seprű

Bessen

vödör

Emmer

kapcsoló

Schalter

nappali
Wahnstuuv

tapéta
Tapeet
kép
Bild
lámpa
Lamp
polc
Regal
szekrény
Schapp
televízió
Kiekkassen
kandalló
Kamin
virág
Bloom
párna
Küssen
kanapé
Sofa
váza
Vaas
távirányító
Feernbedenen

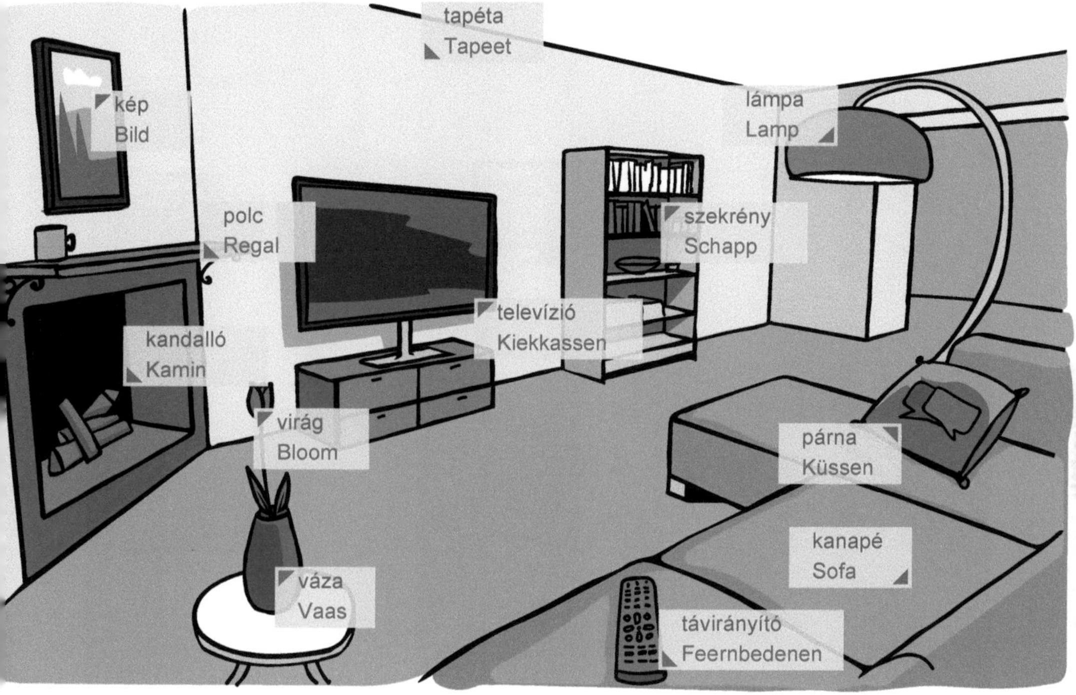

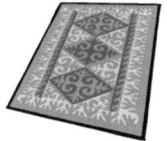

szőnyeg
Teppich

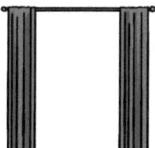

függöny
Vörhang

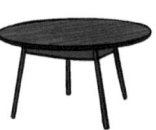

asztal
Disch

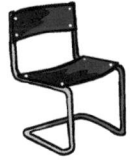

szék
Stohl

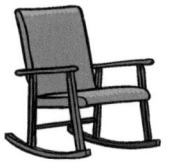

hintaszék
Schuckelstohl

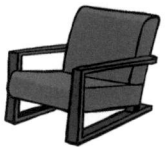

karosszék
Sessel

könyv

Book

takaró

Deek

dekoráció

Dekoratschoon

tűzifa

Füerholt

film

Film

hifi

Stereoanlaag

kulcs

Slötel

újság

Narichtenblatt

festmény

Gemälde

poszter

Poster

rádió

Radio

jegyzetfüzet

Opschrievblock

porszívó

Huulbessen

kaktusz

Kaktus

gyertya

Kars

konyha
Köök

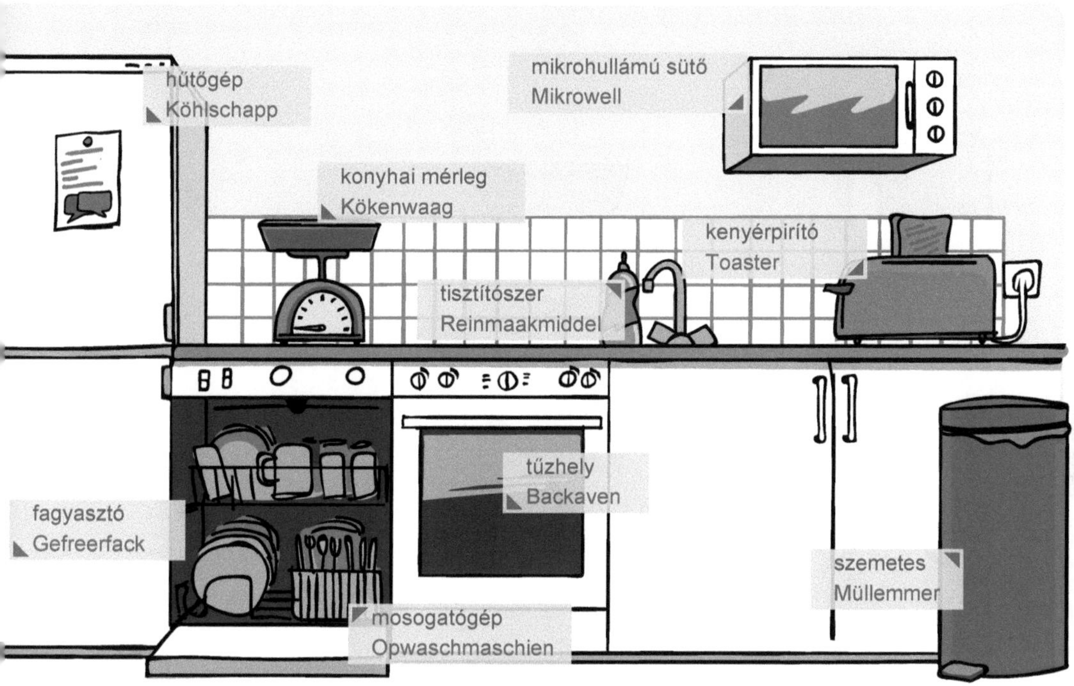

hűtőgép
Köhlschapp
mikrohullámú sütő
Mikrowell
konyhai mérleg
Kökenwaag
kenyérpirító
Toaster
tisztítószer
Reinmaakmiddel
tűzhely
Backaven
fagyasztó
Gefreerfack
szemetes
Müllemmer
mosogatógép
Opwaschmaschien

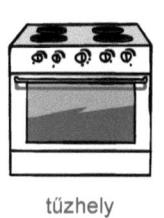

tűzhely

Heerd

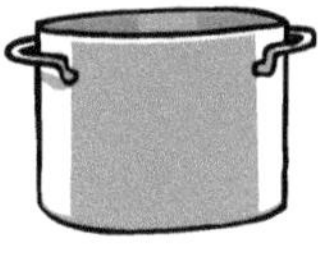

edény

Pott

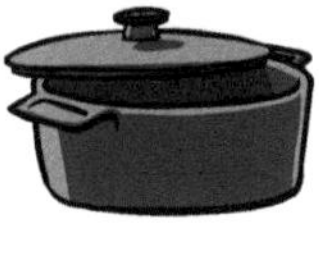

vasfazék

Gussiesern Putt

wok / kadai

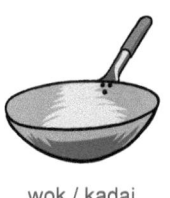

Wok / Kadai

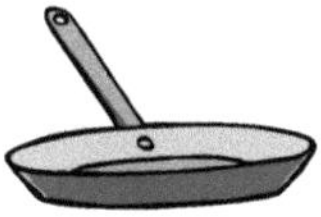

serpenyő

Pann

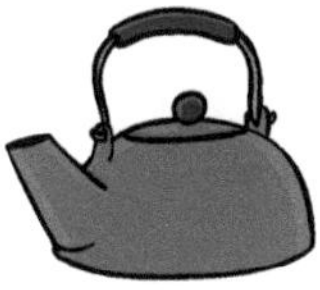

vízforraló

Waterkaker

páróló

Dampkaakputt

tepsi

Backblick

étkészlet

Geschirr

bögre

Beker

tálka

Schaal

evőpálcika

Eetsticken

merőkanál

Suppenkell

keverőlapátka

Pannenwenner

habverő

Sneebessen

szűrő

Kaakseef

szita

Seef

reszelő

Riev

mozsár

Mörser

grillsütő

Grill

kandalló

Füerstell

vágódeszka

Sniedbrett

sodrófa

Nudelholt

dugóhúzó

Proppentrecker

doboz

Doos

konzervnyitó

Dosenaapner

edényfogó

Pottlappen

mosogató

Waschbecken

kefe

Böst

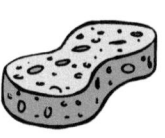

szivacs

Swamm

turmixgép

Mixer

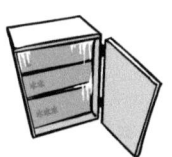

mélyhűtő

lesschapp

cumisüveg

Nuckelbuddel

csap

Waterhahn

konyha - Köök

fürdőszoba
Baadstuuv

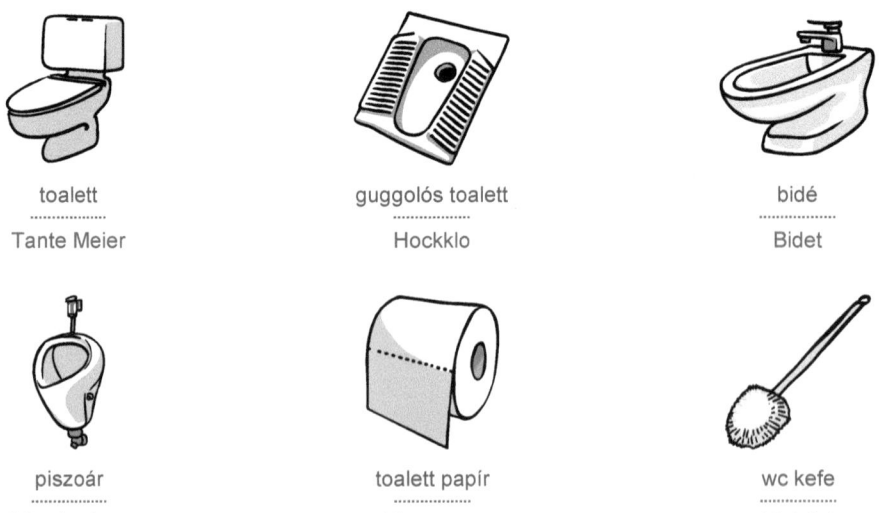

zuhany / Bruus

fütés / Heizung

törölköző / Handdook

zuhanyfüggöny / Bruusvörhang

habfürdő / Schuumbad

kád / Baadwann

pohár / Glas

mosógép / Waschmaschien

csap / Waterhahn

csempe / Fliesen

bili / lütte Putt

mosogató / Waschbecken

toalett	guggolós toalett	bidé
Tante Meier	Hockklo	Bidet
piszoár	toalett papír	wc kefe
Miegbecken	Klopapeer	Kloböst

fogkefe

Tähnböst

fogkrém

Tähnpast

fogselyem

Tähnsied

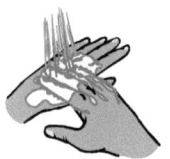

mosni

waschen

kézi zuhany

Handbruus

intimzuhany

Intimbruus

mosdótál

Waschschöttel

hátmosó kefe

Rüchböst

szappan

Seep

tusfürdő

Bruusgeel

sampon

Hoorwaschmiddel

mosdókesztyű

Waschlappen

lefolyó

Afloop

krém

Creme

dezodor

Deodorant

tükör

Spegel

kézitükör

Kosmetikspegel

borotva

Raserer

borotvahab

Raseerschuum

borotválkozás utáni arcszesz

Raseerwater

fésű

Kamm

hajkefe

Böst

hajszárító

Hoordröger

hajlakk

Hoorspray

smink

Smink

ajakrúzs

Lippensticken

körömlakk

Nagellack

vatta

Watt

körömvágó olló

Nagelscheer

parfüm

Rüükwater

neszesszer

Kulturbüdel

sámli

Schemel

mérleg

Waag

köntös

Baadmantel

gumikesztyű

Gummihanschen

tampon

Tampon

egészségügyi betét

Damenbinn

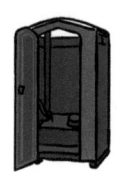

vegyi WC

Chemieklo

gyerekszoba
Kinnerstuuv

ébresztő óra
Wecker
plüssállat
Knudeldeert
játékautó
Speeltüüchauto
csörgő
Klöter
babaház
Poppenhuus
ajándék
Geschenk

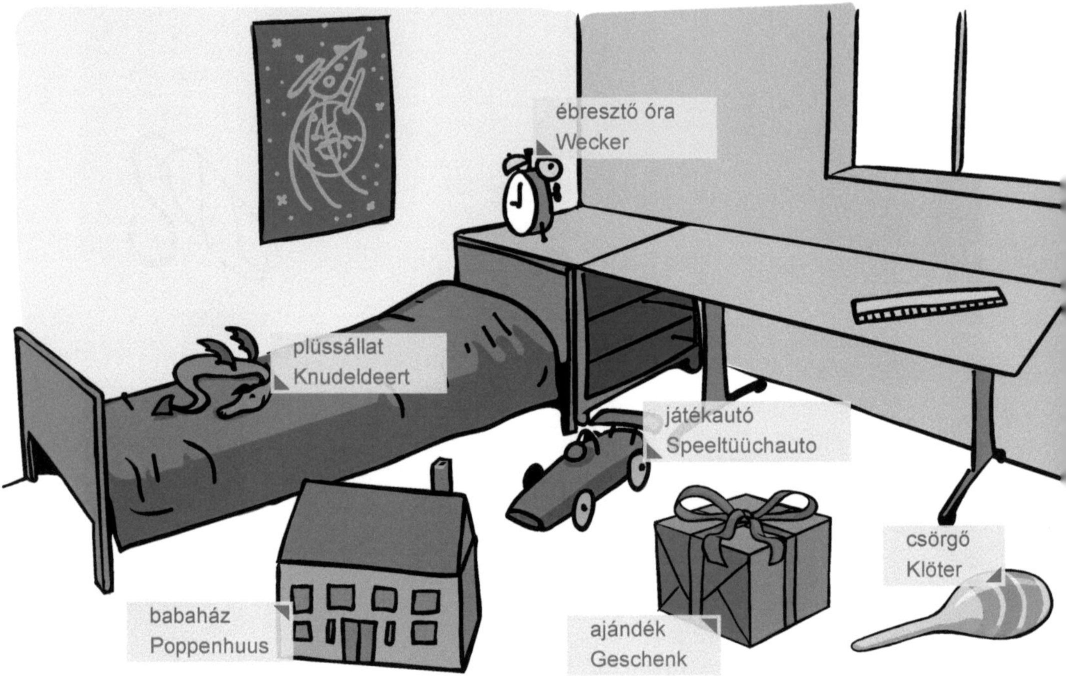

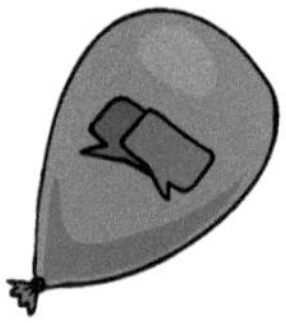

lufi

Luftballon

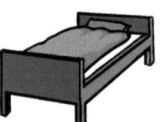

ágy

Puuch

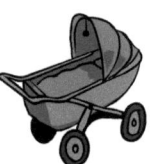

babakocsi

Kinnerwagen

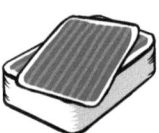

kártyapakli

Koortenspeel

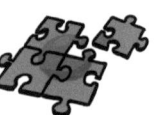

kirakós játék

Puzzle

SUPER
MEGA

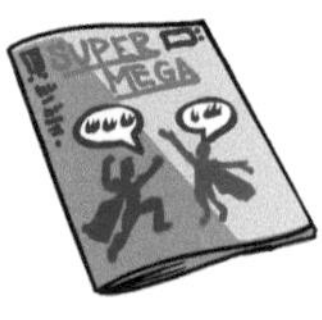

képregény

Billergeschicht

építőkockák

Legostenen

építőelem

Bustenen

szuperhős

Action-Figur

rugdalózó

Strampelantog

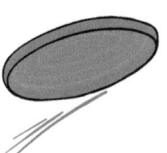

frizbi

Frisbeeschiev

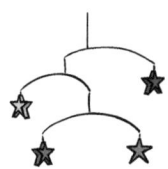

zenélő forgó

Mobile

társasjáték

Brettspeel

kocka

Wörpel

modellvasút

Modelliesenbahn

cumi

Snuller

zsúr

Party

képeskönyv

Billerbook

labda

Ball

baba

Popp

játszani

spelen

homokozó

Sandkassen

hinta

Schuckel

játékok

Speeltüüch

videójáték konzol

Speelkonsool

tricikli

Dreerad

teddi maci

Teddyboor

ruhásszekrény

Klederschapp

ruházat

Tüüch

zokni

Socken

harisnya

Strümp

harisnyanadrág

Strumpbüx

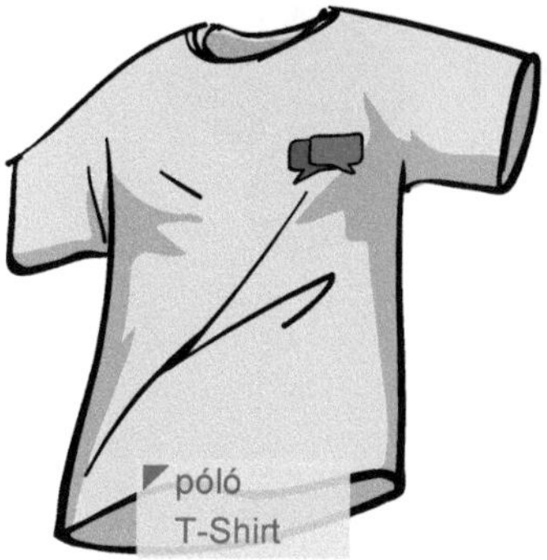

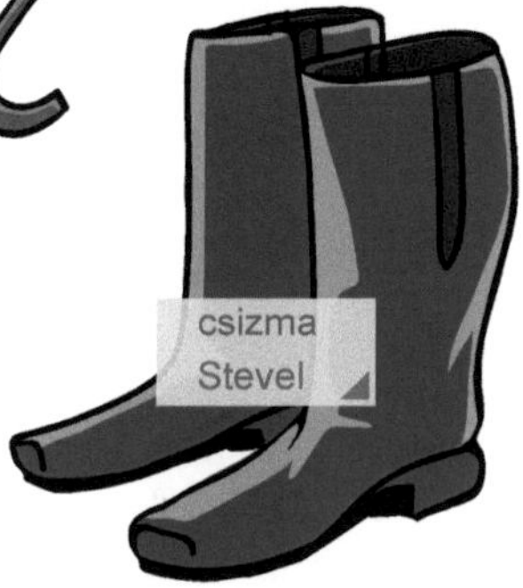

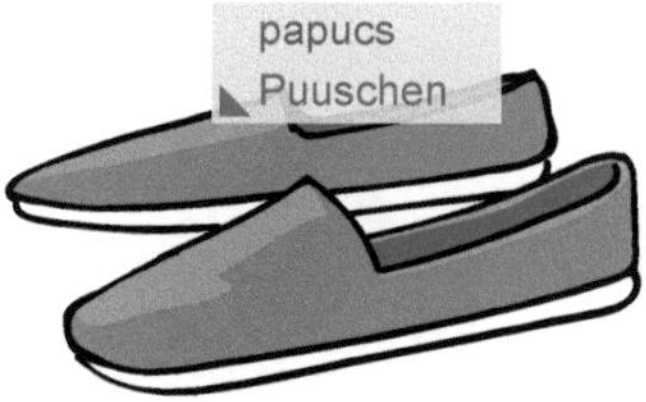

sál
Halsdook

öv
Liefreem

esernyő
Paraplü

póló
T-Shirt

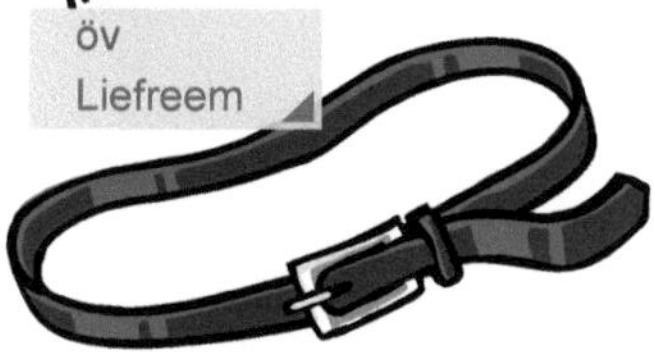

csizma
Stevel

papucs
Puuschen

tornacipő
Turnschoh

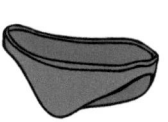

szandál
Sandalen

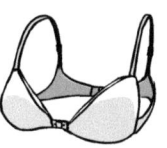

cipő
Schoh

gumicsizma
Gummistevel

alsónadrág
Ünnerbüx

melltartó
Bostholler

mellény
Ünnerhemd

body
Lief

nadrág
Büx

farmer
Jeansnüx

szoknya
Rock

blúz
Bluus

ing
Hemd

pulóver
Pullover

kapucnis pulóver
Kapuzenpullover

blézer
Blazer

dzseki
Jack

kabát
Mantel

esőkabát
Övertrecker

kosztüm
Kostüm

ruha
Kleed

esküvői ruha
Hochtietskleed

öltöny
Antog

hálóing
Nachtkleed

pizsama
Slaapantog

szári
Sari

fejkendő
Koppdook

turbán
Turban

burka
Burka

kaftán
Kaftan

abaya
Abaya

fürdőruha
Baadantog

fürdőnadrág
Baadbüx

rövidnadrág
Korte Büx

tréningruha
Antog to'n Öven

kötény
Schört

kesztyű
Handschoh

ruházat - Tüüch   47

gomb

Knopp

szemüveg

Brill

karkötő

Armband

nyaklánc

Halskeed

gyűrű

Ring

fülbevaló

Ohrbummel

sapka

Mütz

vállfa

Klederbögel

kalap

Hoot

nyakkendő

Binner

cipzár

Rietslüter

bukósisak

Helm

nadrágtartó

Drachtband

iskolai egyenruha

Schooluniform

egyenruha

Uniform

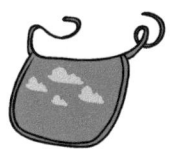

előke

Severböten

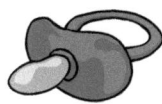

cumi

Snuller

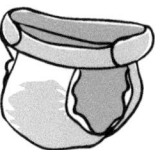

pelenka

Winnel

iroda
Büro

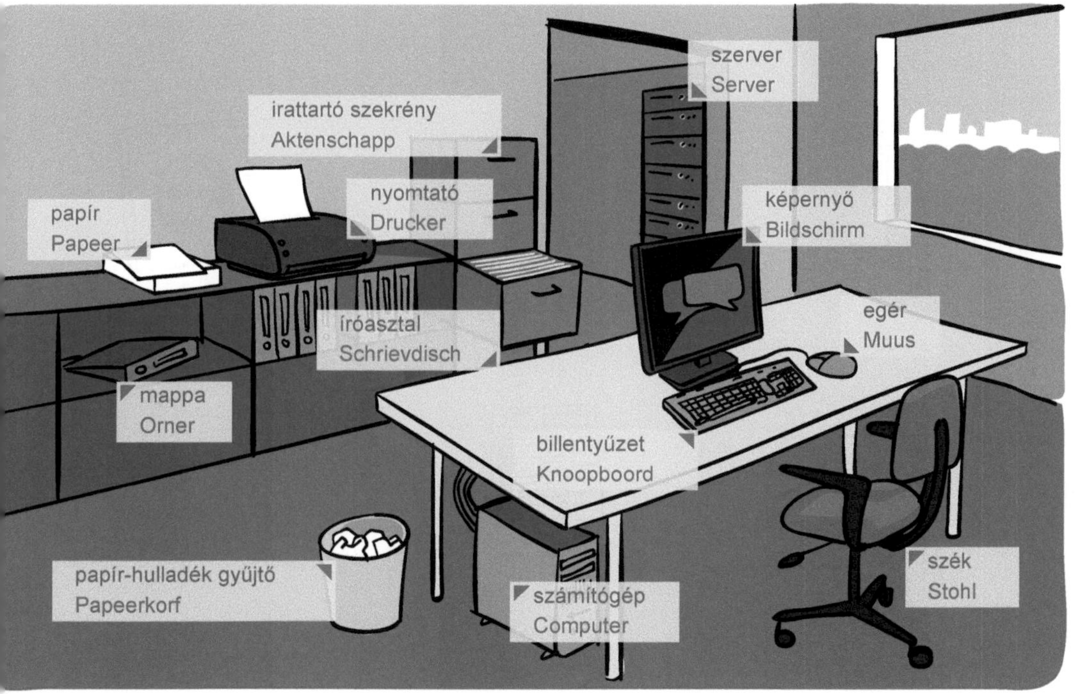
szerver
Server
irattartó szekrény
Aktenschapp
papír
Papeer
nyomtató
Drucker
képernyő
Bildschirm
íróasztal
Schrievdisch
egér
Muus
mappa
Orner
billentyűzet
Knoopboord
papír-hulladék gyűjtő
Papeerkorf
számítógép
Computer
szék
Stohl

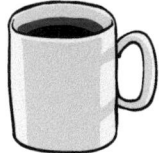

kávéscsésze

Koffiebeker

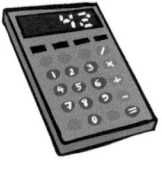

számológép

Taschenreekner

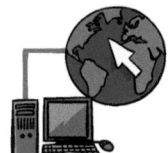

internet

Internet

laptop

Klappreekner

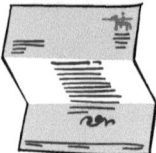

levél

Breef

üzenet

Naricht

mobiltelefon

Ackersnacker

hálózat

Nettwark

fénymásoló

Kopeerapparat

szoftver

Software

telefon

Klöönkassen

konnektor

Steekdoos

faxgép

Faxapparat

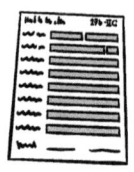

formanyomtatvány

Formulor

dokumentum

Dokument

venni

köpen

fizetni

betahlen

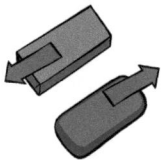

kereskedni

hanneln

pénz

Geld

dollár

Dollar

euró

Euro

jen

Yen

rubel

Ruvel

svájci frank

Swiezer Franken

kínai jüan

Renminbi Yuan

rúpia

Rupie

bankautomata

Geldautomat

valutaváltó iroda

Wesselstuuv

arany

Gold

ezüst

Sülver

olaj

Ööl

energia

Energie

ár

Pries

szerződés

Verdrag

adó

Stüer

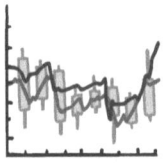

részvény

Andeelschien

dolgozni

arbeiden

munkavállaló

Anstellte

munkaadó

Arbeitgever

gyár

Fabrik

üzlet

Hökerie

foglalkozások
Profeschonen

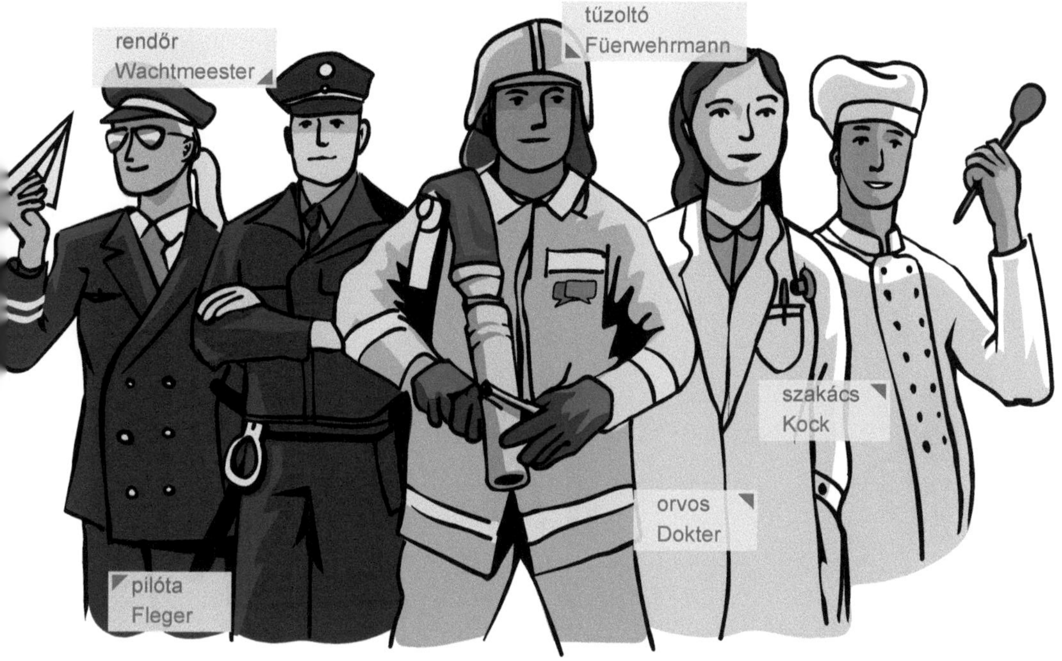
rendőr
Wachtmeester
tűzoltó
Füerwehrmann
szakács
Kock
orvos
Dokter
pilóta
Fleger

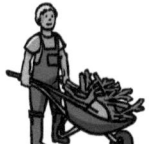

kertész

Goorner

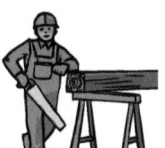

kárpitos

Discher

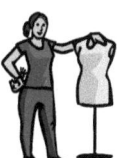

varrónő

Neihersche

bíró

Richter

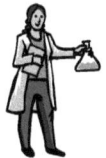

vegyész

Chemiker

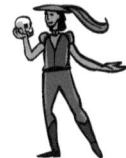

színész

Schauspeler

buszsofőr

Busfohrer

taxisofőr

Taxifohrer

halász

Fischer

bejárónő

Reinmaakfru

tetőfedő

Dackdecker

pincér

Kellner

vadász

Jäger

festő

Maler

pék

Bäcker

villanyszerelő

Elektriker

építőmunkás

Buarbeider

mérnök

Ingenieur

hentes

Slachter

vízvezeték-szerelő

Klempner

postás

Postbüdel

foglalkozások - Profeschonen

katona

Suldat

építész

Architekt

eladó

Kasserer

virágos

Florist

fodrász

Putzbüdel

kalauz

Schaffner

műszerész

Mechaniker

kapitány

Kaptein

fogorvos

Tähndokter

tudós

Wetenschopler

rabbi

Rabbi

imám

Imam

szerzetes

Mönk

lelkész

Paap

szerszámok
Warktüüch

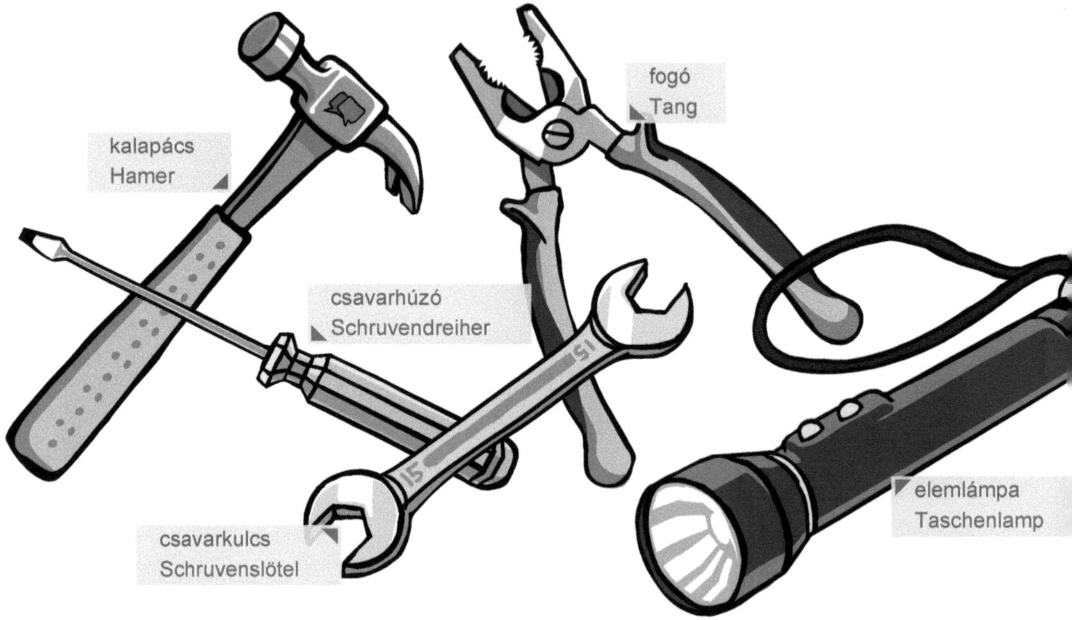
kalapács
Hamer
fogó
Tang
csavarhúzó
Schruvendreiher
csavarkulcs
Schruvenslötel
elemlámpa
Taschenlamp

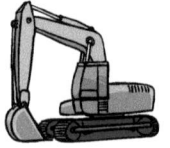

markológép
Grieper

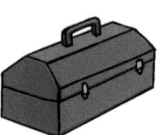

szerszámosláda
Warktüüchkassen

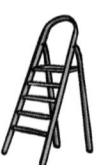

vödör
Ledder

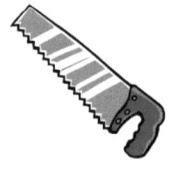

fűrész
Saag

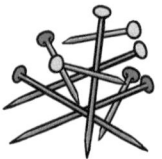

szög
Nagels

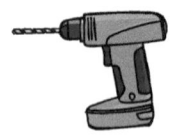

fúrógép
Bohrer

megjavítani

heelmaken

lapát

Schüffel

A francba!

Schiet!

szemétlapát

Kehrblick

festékesdoboz

Farvpott

csavar

Schruven

hangszerek
Musikinstrumenten

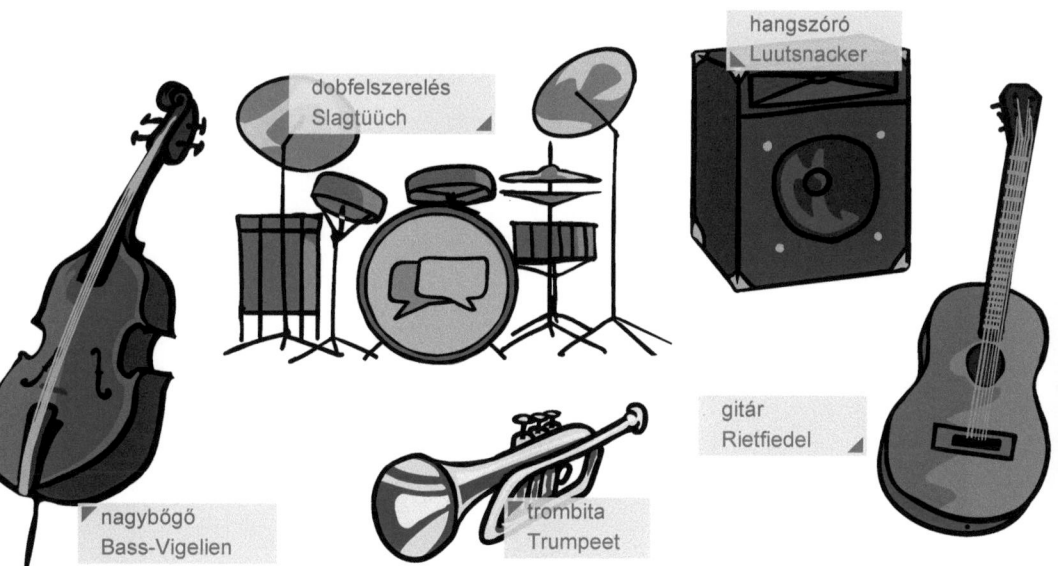

hangszóró
Luutsnacker

dobfelszerelés
Slagtüüch

gitár
Rietfiedel

nagybőgő
Bass-Vigelien

trombita
Trumpeet

zongora

Klaveer

hegedű

Vigelien

basszusgitár

Bass

üstdob

Pauk

dobok

Trummeln

digitális zongora

Keyboard

szaxofon

Saxophon

fuvola

Fleut

mikrofon

Mikrofoon

állatkert
Deertenpark

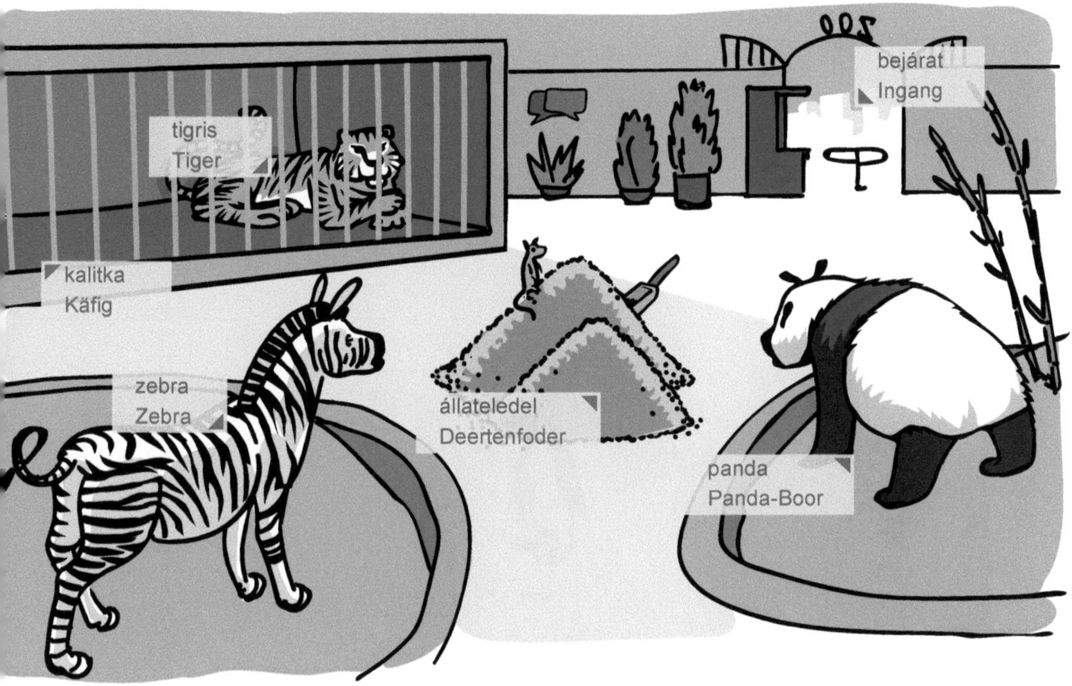
tigris
Tiger
kalitka
Käfig
zebra
Zebra
állateledel
Deertenfoder
bejárat
Ingang
panda
Panda-Boor

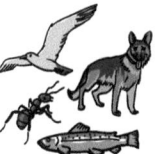

állatok

Deerten

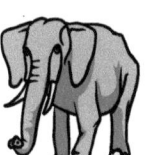

elefánt

Elefant

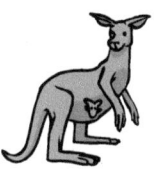

kenguru

Känguru

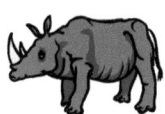

orrszarvú

Neeshoorn

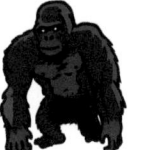

gorilla

Gorilla

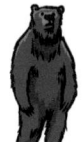

medve

Boor

teve
Kameel

strucc
Struuß

oroszlán
Lööv

majom
Aap

flamingó
Flamingo

papagáj
Papagoi

jegesmedve
lesboor

pingvin
Pinguin

cápa
Haifisch

páva
Pageluun

kígyó
Slang

krokodil
Krokodil

állatgondozó
Oppasser in'n Deertenpark

fóka
Saalhund

jaguár
Jaguor

póniló

Pony

leopárd

Leopard

víziló

Nilpeerd

zsiráf

Giraff

sas

Aadler

vaddisznó

Wildswien

hal

Fisch

teknős

Schildkrööt

rozmár

Walross

róka

Voss

gazella

Gazell

amerikai futball
Amerikaansch Football

kerékpározás
Radfohren

tenisz
Tennis

kosárlabda
Korfball

úszás
Swümmen

boksz
Boxen

jégkorong
leshockey

futball
Football

tollas
Fedderball

atlétika
Leichtathletik

kézilabda
Handball

síelés
Skilopen

lovaspóló
Polo

tevékenységek
Aktivitäten

nevetni
lachen
ugrani
springen
ölelni
ümarmen
sétálni
gahn
énekelni
singen
álmodni
drömen
dicsérni
beden
csókolni
snuteln

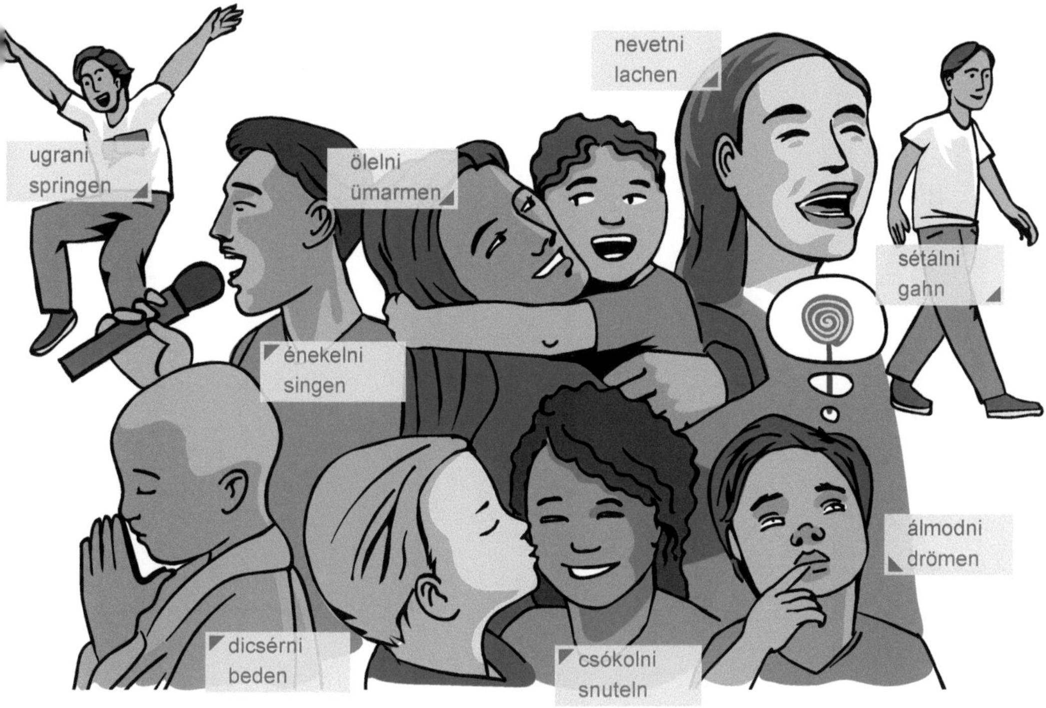

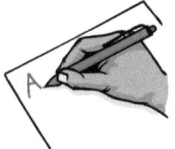

írni

schrieven

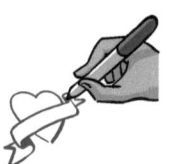

rajzolni

teken

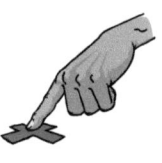

mutatni

wiesen

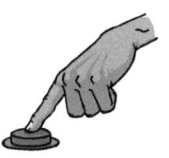

tolni

drücken

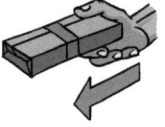

adni

geven

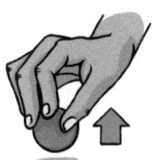

vinni

nehmen

birtokolni

hebben

csinálni

doon

lenni

sien

állni

stahn

futni

lopen

húzni

trecken

hajít

smieten

esni

fallen

hazudni

liggen

várni

töven

vinni

dregen

ülni

sitten

felvenni

antrecken

aludni

slapen

felébredni

opwaken

ránézni

ankieken

sírni

wenen

simogat

eien

fésülni

kämmen

beszélni

snacken

megérteni

verstahn

kérdezni

fragen

hallgatni

hören

inni

drinken

enni

eten

takarítani

oprümen

szeretni

leefhebben

főzni

kaken

vezetni

fohren

szállni

flegen

vitorlázni

segeln

számol

reken

olvasni

lesen

tanulni

lehren

dolgozni

arbeiden

házasodni

de Plünnen tohoopsmieten

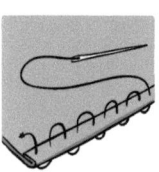

varrni

neihen

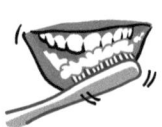

fogat mosni

Tähnen putzen

ölni

dootmaken

dohányozni

smöken

küldeni

schicken

nagymama
Grootmoder

nagypapa
Grootvadder

apa
Vadder

anya
Moder

kisbaba
Winnelkind

lány
Dochter

fiú
Söhn

vendég
Gast

nagynéni
Tant

nagybácsi
Unkel

fiútestvér
Broder

lánytestvér
Süster

test
Lief

homlok
Vörkopp
szem
Oog
váll
Schuller
ujj
Finger
arc
Gesicht
áll
Kinn
kéz
Hand
láb
Been
mell
Bost
kar
Arm

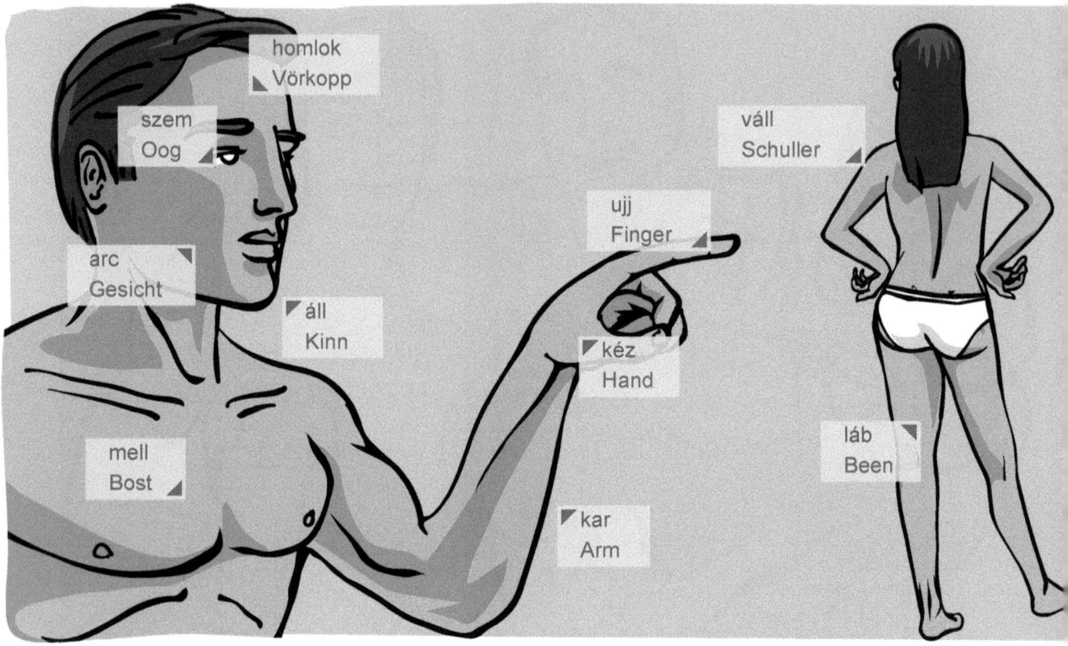

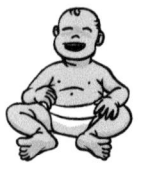

kisbaba
Winnelkind

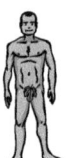

ember
Mann

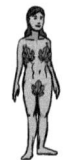

nő
Fro

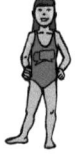

lány
Deern

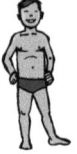

fiú
Jung

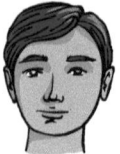

fej
Arm

hát

Rüch

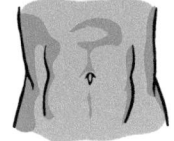

has

Buuk

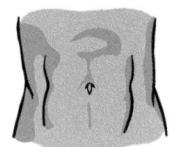

köldök

Navel

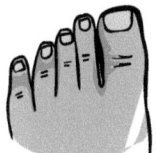

lábujj

Teh

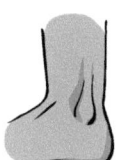

sarok

Hack

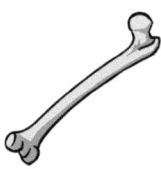

csont

Knaken

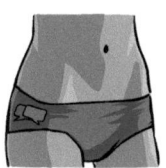

csípő

Hüft

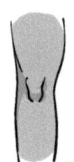

térd

Knee

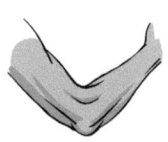

könyök

Ellbagen

orr

Nees

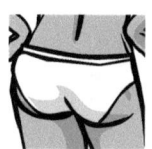

fenék

Achtersen

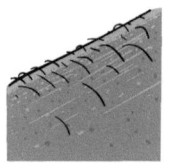

bőr

Huut

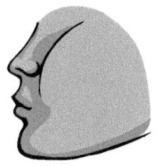

orca

Back

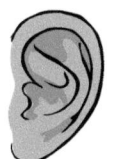

fül

Ohr

ajak

Lipp

száj
Mund

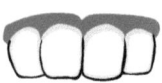

fog
Tähn

nyelv
Tung

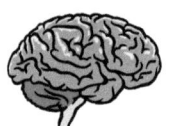

agy
Bregen

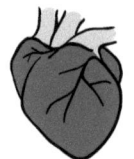

szív
Hart

izom
Muskel

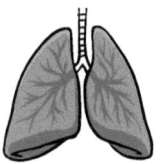

tüdő
Lung

máj
Lever

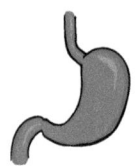

gyomor
Maag

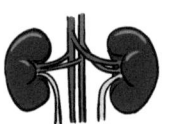

vese
Neren

szex
Bislaap

kondom
Kondoom

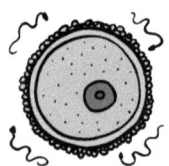

petesejt
Eizell

sperma
Sperma

terhesség
Anner Ümstänn

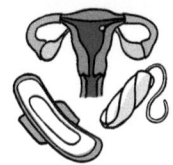

menstruáció

Menstruatschoon

vagina

Scheed

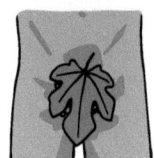

pénisz

Pint

szemöldök

Ogenbroe

haj

Hoor

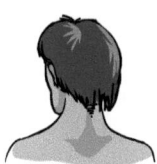

nyak

Hals

kórház
Krankenhuus

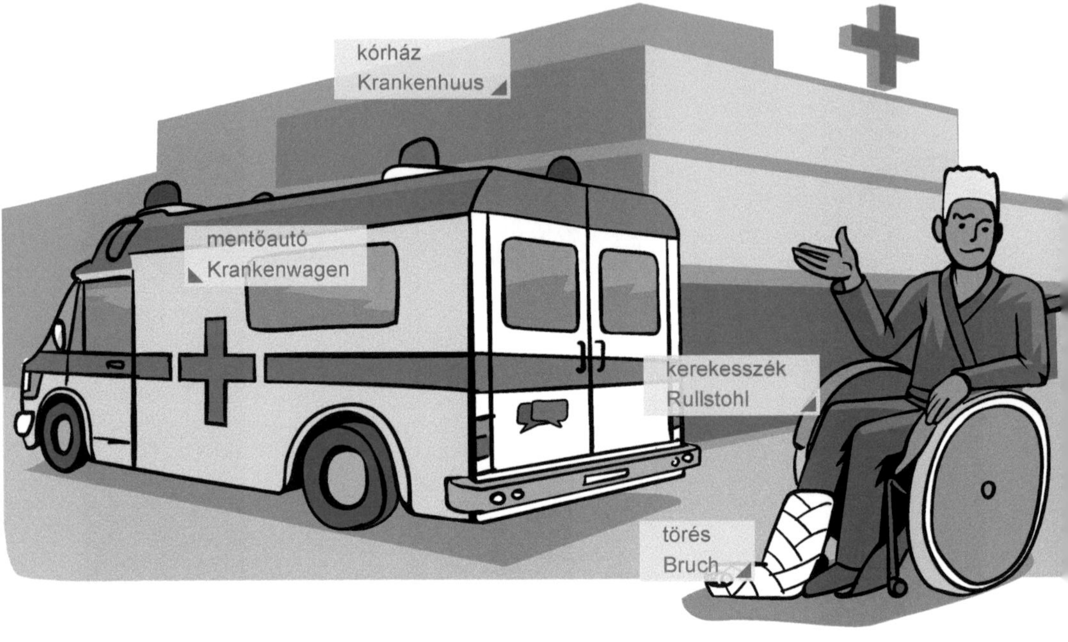

kórház
Krankenhuus
mentőautó
Krankenwagen
kerekesszék
Rullstohl
törés
Bruch

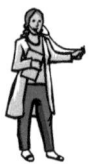

orvos

Dokter

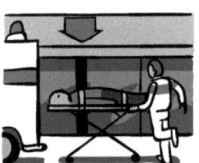

sürgősségi osztály

Nootopnahm

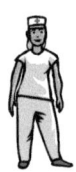

ápoló

Krankensüster

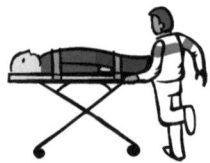

vészhelyzet

Nootfall

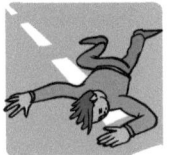

eszméletlen

ahnmächtig

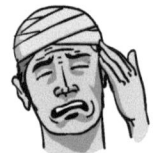

fájdalom

Wehdaag

sérülés

Verwunnen

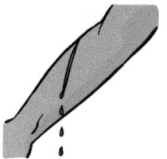

vérzés

Blöden

szívroham

Hartinfarkt

szélütés

Slaganfall

allergia

Allergie

köhögés

Hoosten

láz

Fever

influenza

Gripp

hasmenés

Dörchfall

fejfájás

Koppwehdaag

rák

Kreeft

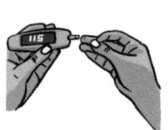

cukorbetegség

Zuckersüük

sebész

Chirurg

szike

Chirurgsch Mess

műtét

Operatschoon

CT

CT

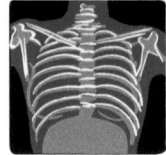

röntgen

Dörchlüchten

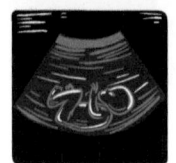

ultrahang

Ultraschall

arcmaszk

Mask

betegség

Krankheit

váróterem

Töövruum

mankó

Krück

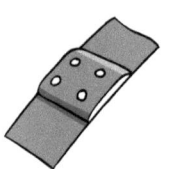

sebtapasz

Plaaster

kötszer

Verband

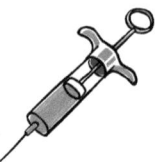

injekció

Insprütten

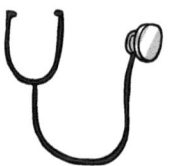

sztetoszkóp

Stethoskop

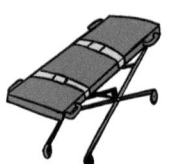

hordágy

Draag

klinikai hőmérő

Feverthermometer

születés

Geboort

túlsúly

Övergewicht

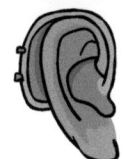

hallókészülék

Höörapparat

fertőtlenítőszer

Kiemfriemiddel

fertőzés

Ansteken

vírus

Virus

HIV/AIDS

HIV / AIDS

orvosság

Heelmiddel

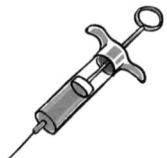

oltás

Impen

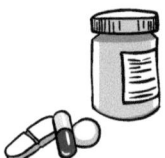

tabletták

Tabletten

tabletta

Pill

sürgősségi hívás

Nootroop

vérnyomásmérő

Blootdruck-Meter

betegség / egészség

krank / gesund

Segítség!

Hölp!

riasztás

Alarm

rajtaütés

Överfall

támadás

Angreep

veszély

Gefohr

vészkijárat

Nootutgang

tűz!

Füer!

tüzoltókészülék

Füerlöscher

baleset

Unfall

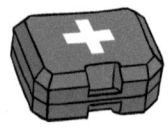

elsősegélycsomag

Noothölpkoffer

SOS

SOS

rendőrség

Polizei

Európa

Europa

Észak-Amerika

Noordamerika

Dél-Amerika

Süüdamerika

Afrika

Afrika

Ázsia

Asien

Ausztrália

Australien

Atlanti-óceán

Atlantik

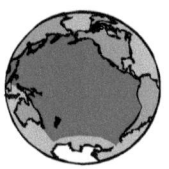

Csendes-óceán

Pazifik

Indiai-óceán

Indisch Weltmeer

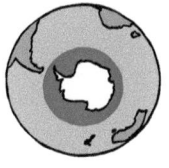

Déli-óceán

Antarktisch Weltmeer

Jeges-tenger

Arktisch Weltmeer

Északi-sark

Noordpol

Déli-sark

Süüdpol

Antarktisz

Antarktis

föld

Eerd

szárazföld

Land

tenger

See

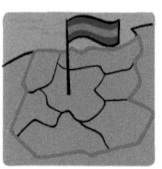

sziget

Eiland

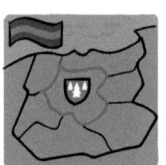

nemzet

Natschoon

állam

Staat

számlap

Tallenblatt

kismutató

Stunnenwieser

nagymutató

Minutenwieser

másodpercmutató

Sekunnenwieser

Mennyi az idő?

Wo laat is dat?

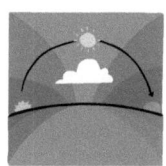

nap

Dag

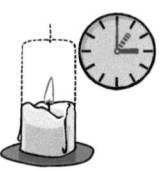

idő

Tiet

most

nu

digitális óra

digetaalsch Klock

perc

Minuut

óra

Stunn

hét
Week

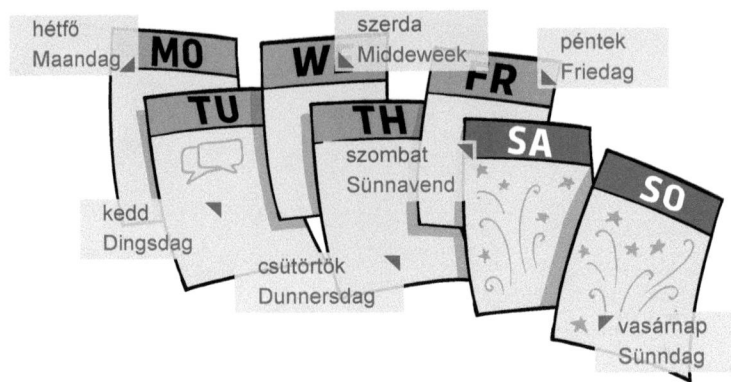

hétfő
Maandag

szerda
Middeweek

péntek
Friedag

kedd
Dingsdag

szombat
Sünnavend

csütörtök
Dunnersdag

vasárnap
Sünndag

tegnap

güstern

ma

hüüt

holnap

morgen

reggel

Morgen

dél

Meddag

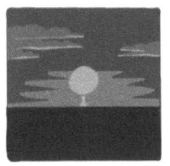

este

Avend

MO	TU	WE	TH	FR	SA	SU
1	2	3	4	5	6	7
8	9	10	11	12	13	14
15	16	17	18	19	20	21
22	23	24	25	26	27	28
29	30	31	1	2	3	4

hétköznap

Arbeitsdaag

MO	TU	WE	TH	FR	SA	SU
1	2	3	4	5	6	7
8	9	10	11	12	13	14
15	16	17	18	19	20	21
22	23	24	25	26	27	28
29	30	31	1	2	3	4

hétvége

Wekenenn

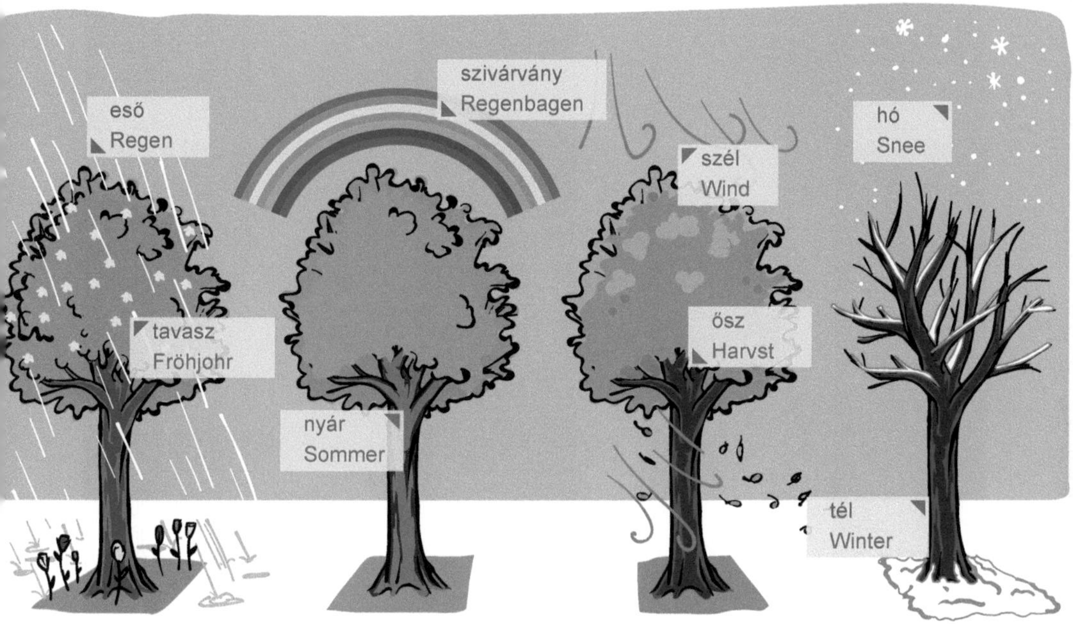

eső
Regen

szivárvány
Regenbagen

szél
Wind

hó
Snee

tavasz
Fröhjohr

ösz
Harvst

nyár
Sommer

tél
Winter

4.APRIL	11°	☀
5.APRIL	4°	⛅
6.APRIL	13°	☁
7.APRIL	8°	☀
8.APRIL	10°	☀

időjárás előrejelzés

Wedervörhersaag

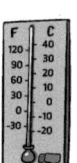

hőmérő

Thermometer

napsütés

Sünnenschien

felhő

Wulk

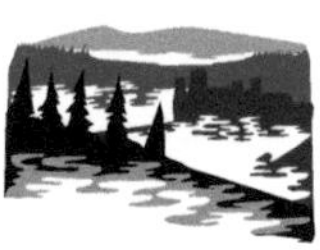

köd

Nevel

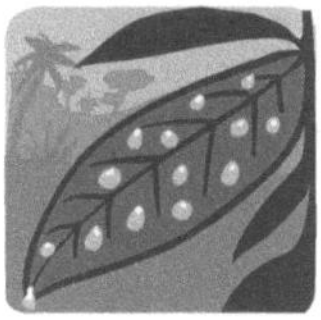

páratartalom

Luftfuchtigkeit

villámlás

Blitz

mennydörgés

Dunner

vihar

Storm

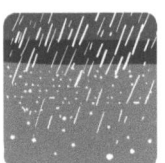

jégeső

Hagel

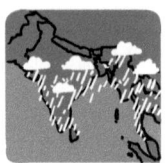

monszun

Monsun

áradás

Floot

jég

les

január

Januormaand

február

Februormaand

március

Martmaand

április

Aprilmaand

május

Maimaand

június

Junimaand

július

Julimaand

augusztus

Augustmaand

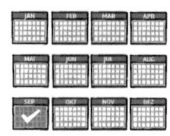

szeptember

Septembermaand

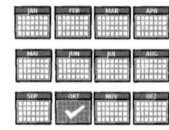

október

Oktobermaand

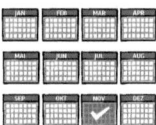

november

Novembermaand

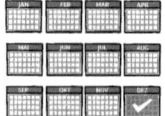

december

Dezembermaand

alakzatok
Formen

kör

Krink

négyzet

Quadrat

téglalap

Rechteck

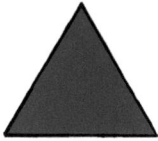

háromszög

Dreeeck

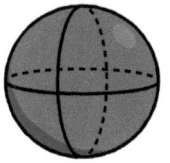

gömb

Kugel

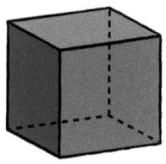

kocka

Wörpel

fehér

witt

sárga

geel

narancs

orangsch

rózsaszín

pink

piros

root

lila

lila

kék

blau

zöld

gröön

barna

bruun

szürke

gries

fekete

swart

sok / kevés
veel / wenig

mérges / nyugodt
böös / verdreeglich

szép / csúnya
smuck / mies

kezdet / vég
Begünn / Enn

nagy / kicsi
groot / lütt

világos / sötét
hell / düüster

fivér / nővér
Broder / Süster

tiszta / koszos
schier / schietig

teljes / nem teljes
kumpleet / nich kumpleet

nappal / éjszaka
Dag / Nacht

halott / élő
doot / lebennig

széles / keskeny
breet / small

ehető / nem ehető

geneetbor / nich geneetbor

gonosz / kedves

böös / fründlich

izgatott / unott

fickerig / langwielt

kövér / vékony

dick / dünn

első / utolsó

toeerst / toletzt

barát / ellenség

Fründ / Fiend

teli / üres

vull / leddig

kemény / puha

hart / week

nehéz / könnyű

swoor / licht

éhség / szomjúság

Smacht / Döst

betegség / egészség

krank / gesund

illegális / legális

nich na't Recht / na't Recht

intelligens / buta

klook / dummerhaftig

bal / jobb

linkerhand / rechterhand

közel / távol

neeg / feern

új / használt
nieg / bruukt

semmi / valami
nix / wat

idős / fiatal
oolt / jung

be / ki
an / ut

nyitva / zárva
apen / slaten

csendes / hangos
lies / luut

gazdag / szegény
riek / arm

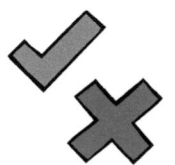

helyes / helytelen
richtig / verkehrt

érdes / sima
ruug / glatt

szomorú / vidám
trurig / glücklich

rövid / hosszú
kort / lang

lassú / gyors
suutje / flink

nedves / száraz
natt / dröög

meleg / hideg
warm / köhl

háború / béke
Krieg / Freden

számok

Tallen

0

nulla

null

1

egy

een

2

kettő

twee

3

három

dree

4

négy

veer

5

öt

fief

6

hat

söss

7

hét

söven

8

nyolc

acht

9

kilenc

negen

10

tíz

teihn

11

tizenegy

ölven

12
tizenkettő
twölf

13
tizenhárom
dörteihn

14
tizennégy
veerteihn

15
tizenöt
föffteihn

16
tizenhat
sössteihn

17
tizenhét
söventeihn

18
tizennyolc
achtteihn

19
tizenkilenc
negenteihn

20
húsz
twintig

100
száz
hunnert

1.000
ezer
dusend

1.000.000
millió
million

angol

Engelsch

amerikai angol

Amerikaansch Engelsch

mandarin kínai

Chineesch Mandarin

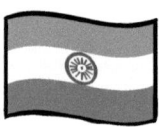

hindi

Hindi

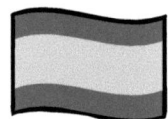

spanyol

Spaansch

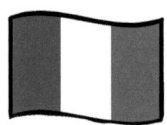

francia

Franzöösch

arab

Araabsch

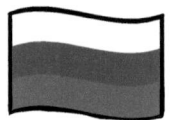

orosz

Rusch

portugál

Portugiesch

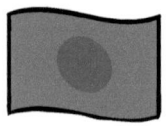

bengáli

Bengaalsch

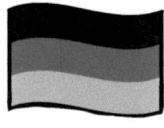

német

Düütsch

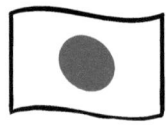

japán

Japaansch

én
....
ik

te
....
du

ő
....
he / se / dat

mi
....
wi

ti
....
ji

ők
....
se

ki?
....
keen?

mi?
....
wat?

hogyan?
....
woans?

hol?
....
woneem?

mikor?
....
wannehr?

név
....
Naam

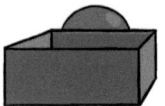

mögött
....
achter

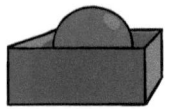

benne
....
in

elötte
....
vör

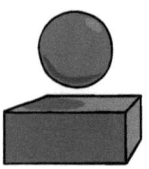

felette
....
över

rajta
....
op

alatta
....
ünner

mellett
....
blangen

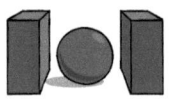

között
....
twüschen

hely
....
Oort